UN PERRO LADRA

ExLibric

J. ANTONIO JIMÉNEZ AYALA

UN PERRO LADRA

Prólogo de Sensi Budia
Ilustraciones de Paco Ayala

EXLIBRIC

ANTEQUERA 2022

J. ANTONIO JIMÉNEZ AYALA

UN PERRO LADRA

*A mis padres.
Los ángeles de la poesía sobrevolaban
los campos donde nacieron.*

*A Nati, María y Laura,
por los días hermosamente vividos.*

*A quien escribía poemas en su juventud
y se llamaba como yo.*

Prólogo

¿Adónde iremos a buscar las palabras que den voz a lo que callamos? Cuando el individuo ansía alcanzar lo inefable, se arriesga a caer en la más absoluta desesperación: no encuentra herramientas lo suficientemente adecuadas para dibujar tal perfección. Si lo intenta con las palabras, se derrumbará en el hastío frente a la denotación del libro que las colecta y define; no existe un diccionario que las ampare.

«Lo esencial es invisible a los ojos», escribía Antoine de Saint-Exupéry en su gran obra *Le petit prince* (1943). Los signos (lingüísticos o no) son mentiras que usamos para representar la realidad que nos rodea, sea tangible o intangible. El lenguaje existe para representar una realidad, siendo esta uno de los componentes principales de la tríada que conforman el signo lingüístico (según delimitó Charles S. Peirce, padre de la Semiótica).

En términos platónicos, los signos pertenecen al mundo sensible, el mentiroso patán, la realidad humana en minúsculas, mientras que los sentimientos y las emociones pertenecen al alma, que procede del mundo de las ideas, la Realidad con mayúsculas: el ideal. Por eso, las palabras son *peccata minuta* en el camino hacia la beldad contenida en el amor, el deseo, la amistad; y de igual modo, en la gruta hacia el horror que causan las despedidas, la separación de los amantes al alba.

Estos son los temas que principalmente habitan en los ladridos que este perro joven lanza hoy al mundo. Este animal ladra realidades intangibles que se hacen verbo con la voz prestada de los pájaros (como hiciera Neruda con su *Arte de pájaros*) o en el grácil dinamismo del cervatillo (recordando al *Cantar de los cantares*), con el rugido del viento o el sonido del silencio (al más puro estilo bobdylaniano):

¿Qué lejanas, qué perdidas palabras
habremos de inventar para escribir este poema
que habla de nuestros silencios?

Sensi Budia

I

CEMENTERIO DE BESOS

Cementerio de besos, aún hay fuego en tus tumbas,
aún los racimos arden picoteados de pájaros.

Pablo Neruda

IN AETERNUM

CUANDO mi voz enmudezca
y se haga viento, sueño, silencio,
recuerda mi voz de ahora
como un pájaro en la noche,
como una llama viva.

Cuando solo queden sombras y olvido,
despojos de palabras,
¿podrás oír mi voz que te busca
como un ciervo herido?

Recuerda mi voz de ahora,
para que puedas oírme
cuando la lluvia del tiempo
cubra mis ojos en llamas
y ya no puedas verme,
y ya no pueda verte.

Si pudieras oírme entonces,
si escucharas mi voz y mi palabra
en las calles desiertas
y en las lejanas alamedas del sueño,
cuando la última luz se desvanezca
y ya no puedas verme,
y ya no pueda verte.

Si pudieras oírme entonces,
ven, ven conmigo,
juntos buscaremos
la mañana que comienza.

ATLAS DE GEOGRAFÍA

EN la cumbre cimbreante
de tus cálidos pechos
planté mis tiendas,
allí donde se arremolina el viento
y gira el mundo,
donde sobrevuelan
los ángeles de la mañana
y fulge el aire, ebrio de luz.

Sobre la sagrada línea
de tus labios metafísicos
y en el sinfín candente de tu mirada
busqué cual pájaro en la espesura,
allí donde gimen las alcobas
y tiembla la noche,
donde gotea la muerte
en guirnalda de besos.

Sobre la dulce ensenada de tu vientre
y en la apretada cincha de tus muslos,
en el aljibe de tu pubis palpitante
y en la tibieza del veneno de tu carne,
en el filo sangrante de tu espada
busqué a tientas la redención
y los designios de la ebriedad,
la bruma de los naufragios

y la claridad de la nada,
los dones del mundo y los escombros
de esta ciudad en ruinas.

DAME

VEN, dame tu mano, dámela,
cruzaremos juntos las estancias
del frío invierno.
Ven y dame tus ojos,
porque oscurece, es tarde
y la noche acecha.
Ven y cúbreme con tu piel,
porque hace frío
y las hogueras se ven lejanas.
Dame tus alas
y emprendamos la huida.
Tal vez el benévolo viento
nos lleve lejos, lejos…
Ven, dame tu mano, dámela,
juntos cruzaremos los páramos, la niebla.
Ven y dame tu dulce boca,
tu amor como un cervatillo alegre,
dame tu sangre y el tuétano de tus huesos,
dame tu corazón caliente,
apiádate de este condenado.

ALBADA

DE tus ojos partieron
los barcos al amanecer,
cuando el mundo era aún
transparente y primigenio,
la realidad como un agua
fría y trémula.
En la penumbra del día que nacía
el mar era un abismo de sueño.
En las jarcias y en las velas
flameaba el viento,
las canciones marineras,
el olor a sal y soledad.
De las orillas de tus ojos
zarparon los barcos
rumbo a islas inexistentes,
hacia costas invisibles y amores furtivos
en puertos de perdición y de locura.
Más allá, mar adentro,
la línea del horizonte,
los muros del mundo abriéndose
para que pudiéramos
poner nombre a las cosas.

LA PUERTA DE TUS OJOS

A Nati

AL alba
rasgué la puerta de tus ojos
con un cuchillo de obsidiana
y entré sigilosamente.
Pero la tarde va cayendo,
y todavía no he podido encontrar
el camino de regreso.

NOCTURNO

¿Quién se levanta temprano
para descubrir el momento
en que comienza la luz?
Jalaluddin Rumi

DE la noche vengo,
con un ramillete
de olorosas flores
prendido en mi boca,
buscando la luz del alba
y la luz de tus ojos,
de la noche vengo.

Vengo de la noche,
con mis cabellos cuajados
de errantes estrellas,
buscando el lucero
de la mañana
y el fulgor de tu imagen,
de la noche vengo.

Del país de la noche vengo,
de los confines del sueño
y las orillas de la niebla,
con mi corazón rebosante
y henchido de amores,
buscando la miel de tu boca,
de la noche vengo.

Vengo de la noche,
de los abismos del mundo
y del centro de las brumas,
buscando la alborada
y el luminoso resplandor
de tu vivo recuerdo,
de la noche vengo.

OFRENDA

ESCUCHA este poema que te traigo,
este poema donde nacen las hierbas y los musgos,
donde el mar olea sobre las playas y los naufragios,
donde palpitan las arterias de la vida
como un incendio de pájaros.

Escucha este poema que te ofrezco,
aquí hay flores bordeando los caminos
y ríos sin patria y palabras de fuego que galopan
sobre la sombra cambiante de los días.

Ven, amor, aquí donde los ojos turbios de la muerte
no alcanzan las noches y los días.
Ven, en esta hora que huele a tierra mojada
y a noche de verano, oye el sonido
de las plazuelas y de las fuentes,
el recóndito rumor de las callejas a la sombra
donde se besan los amantes.

Mira esta luz, este estruendo de pájaros
latiendo en los muelles y en las dársenas,
estas colinas hechas de sueños y de amores,
estos valles tomados por la luz y el viento.
Mira esta flor fragante de besos
que arde en el envés del aire.

Ven, escucha este poema que te traigo,
tal vez el amor y las palabras nos salven
de la muerte
                    o de la vida.

Campos de Luoyang

A los poetas de la China medieval

Se lavó y ha peinado sus cabellos,
sola en el pabellón que mira al río.
Miles de barcos pasan, ninguno es el que espera.
Wen Tingyun, 812-870

HOY, hoy te vi, eras tú,
eras tú, la que vive en mi corazón y en mis sueños.
Te vi venir por los campos perfumados de Luoyang
y nuestras miradas se cruzaron al pasar,
pero ay, pasaste de largo, amor mío,
y como la corriente del río Huang He
te alejaste para siempre.
¿Dónde estarás en esta larga noche de primavera?
Yo, solitario, bebo en mi copa vino amargo
mientras la luna se posa en el río
y oigo la lluvia gotear sobre los álamos.
¿Con quién podré compartir esta infinita tristeza?

SILENCIOS

¿QUÉ lejanas, qué perdidas palabras
habremos de inventar para escribir este poema
que habla de nuestros silencios?

II

DE PROFUNDIS

… la noche aparece, ángel de reposo, en el umbral.
Georg Trakl

Me balanceo en el espacio de la muerte.
Hermann Broch

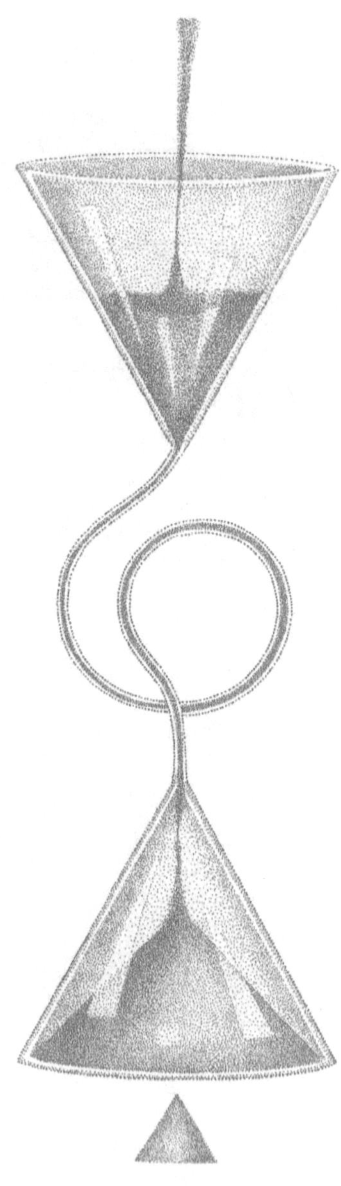

VARIACIONES SOBRE LA MEMORIA

CREER en la claridad de los días vividos,
en los fragmentos de lo que restará
en nuestra memoria
del impreciso recuerdo de las heridas.
Creer en la huella acre que el amor
dejó un día en nuestra boca
y en la imagen perdida
de una tarde hermosamente vivida.
Creer que esta fotografía tuya y mía,
de hace tiempo, no es tan antigua
como el barro y la niebla.
Creer en los lejanos naufragios
que nos hicieron pensar que vivíamos,
en los jirones de la infancia que regresan
como piedras de un noble castillo
derruido hace siglos.
Creer en este aire transparente
que avienta las horas y los días,
este ávido corcel de fuego y sangre
que todo lo arrasa sin tardanza.
Creer en el frágil hilo de la nostalgia
que trenzan nuestros pasos,
en el discurrir presuroso de las nubes
y en el destello de aquellos hermosos ojos

que pasaron por nuestro lado
como humo en el vendaval.
Pensar que se vivió
y afanarse hasta el último aliento
en esta huida hacia delante
desde la nada.

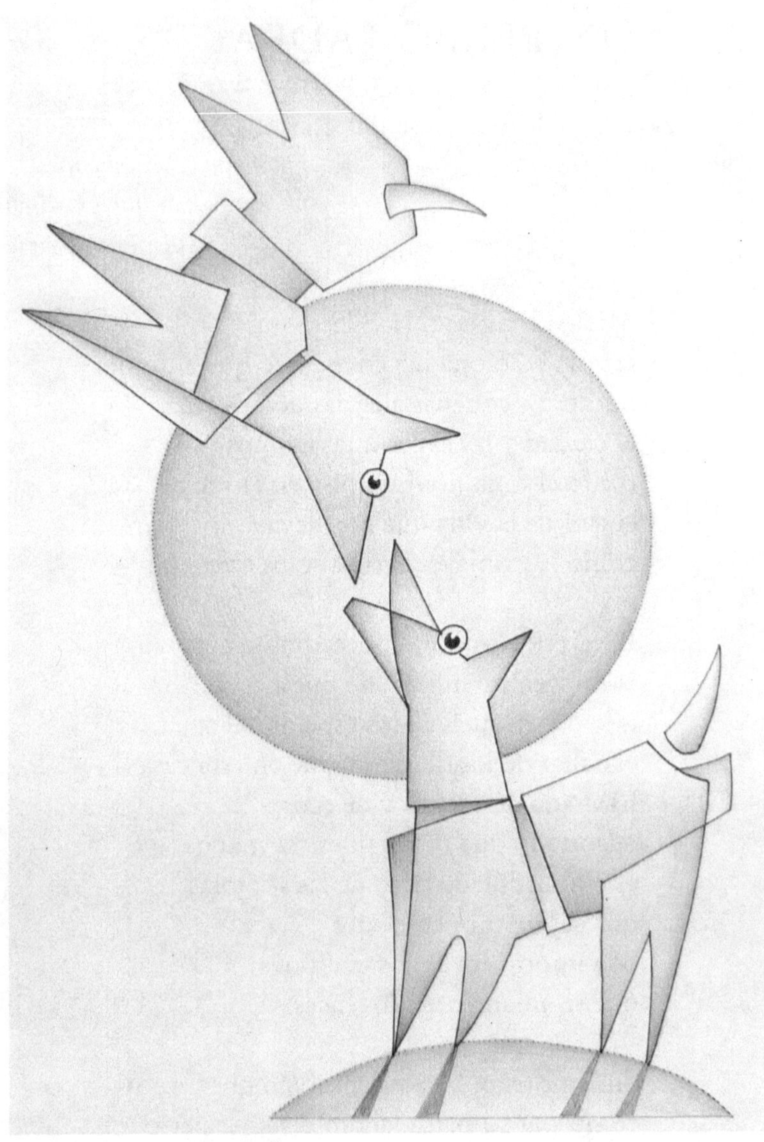

UN PERRO LADRA

… ponernos el sombrero
para comprobar que existimos.
Roberto Juarroz

MIRAD, he aquí la vida,
la vida bajo esta luz en escorzo que alumbra
nuestras pequeñas alegrías domésticas,
la ciudad y las calles que pisamos
como el funambulista pisa en el vacío,
el taxi de la vida que nos lleva,
como la primavera arrastra los arroyos.

He aquí la sombra indescifrable del vivir,
la imagen intangible de nuestro rostro
que nos devuelven los espejos del agua,
el collar de los días que arde en esta casa
habitada de sueños y de ecos,
cuando lo que tocan nuestras manos
es el translúcido peso de las sombras
que se agrietan en el aire
o la impostura de los cuerpos
que se aman entre dos luces.

Sin embargo, he aquí también que a veces,
como por sorpresa, algún distante perro
ladra a nuestro paso en la anochecida
y nos recuerda que existimos.

MI CASA TIENE UN POZO DE AGUA CLARA

MI casa tiene un pozo de agua clara
profundo como la noche.
Mi casa tiene un pozo de agua fresca
vasto como los cielos,
donde vuelan bandadas de pájaros
en las tórridas tardes de verano.
Mi casa tiene un pozo de agua mansa
y en su fondo, allí donde termina el agua,
hay un mar de interminables playas
donde planean gaviotas y pardelas.
Algunas mañanas claras
bajo a pasear por la fina arena
y recojo conchas, estrellas, nubes,
espuma, piedras y poemas.
Mi casa tiene un pozo de agua transparente
en el que cuando me asomo,
a veces te veo a ti leyendo este poema,
veo tu cara y tus ojos
que me miran desde el fondo del agua,
o veo a veces una estrella fugaz o un planeta,
un caballo al galope,
un esquelético perro abandonado,
el dolor y la belleza del mundo.
Y en los días soleados puedo ver a un niño
que juega distraído hace años en una playa,

recogiendo conchas, estrellas, nubes,
espuma, piedras y poemas.
Mi casa tiene un pozo de aguas infinitas
donde al atardecer abrevan ciervos y gacelas.
Cuando cae la noche, cierro su brocal
y me vence el sueño, tal vez la vida.

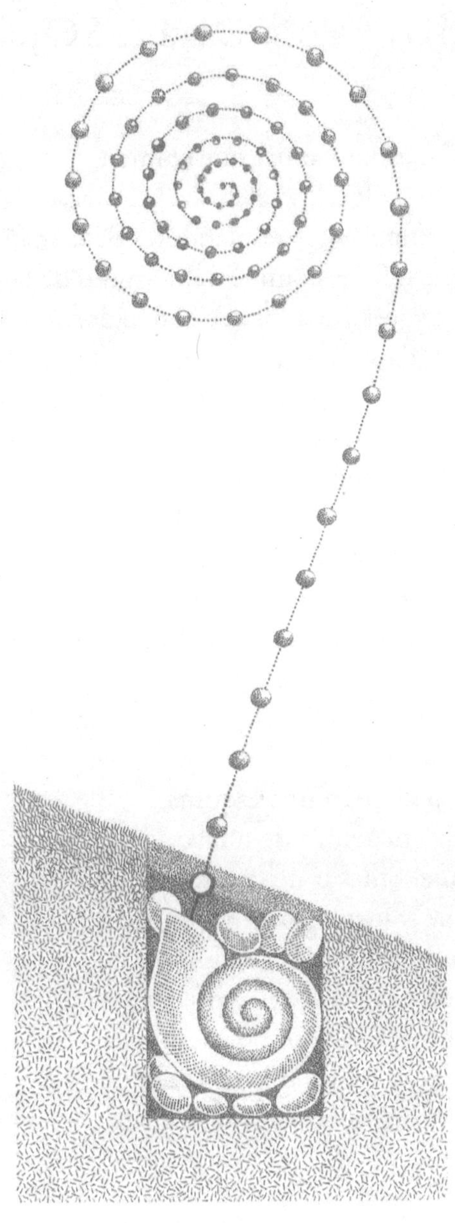

BULEVAR DE LA SOLEDAD

ME asomo al día que comienza,
a las calles, los cafés, los peatones,
al rumor y los resplandores de la mañana
que refulge como un interludio de la vida,
las voces y los rostros conocidos,
la vida y sus afanes,
el olor del café, el canto de los pájaros,
la piel que roza las cosas.
Pero ¿dónde está la piel?
¿Dónde el contorno del mundo?
¿Dónde están los ojos?
¿Dónde lo que vemos?
¿Dónde está la mano que escribe?
¿Dónde el poema?
Camino en la mañana por estas calles
que he recorrido mil veces,
y al girar en una esquina
me encuentro de nuevo
en el bulevar de la soledad,
que transita, oscuro y exótico,
en lo profundo de los ojos,
que recorre el vértigo
de nuestros cuerpos desnudos,
el peso inexorable de la carne
que delimita nuestra soledad.

EL ARTE DE LA FUGA

ATRAVESAMOS distraídamente
el esplendor del día,
jugando, a fin de cuentas,
con mano insegura
las cartas que nos han repartido.

Es mediodía y el sol alumbra
el cristal empañado y desvaído
a través del cual miramos;
alumbra los amores, las lágrimas,
los gestos, las máscaras, las risas,
las calles lejanas como bueyes en la niebla,
la despiadada sucesión de las horas,
acaso la vacilante costumbre de vivir
y el impreciso aroma a evanescencia y nostalgia
que gravita en el aire.

Es mediodía y a ratos jugamos
a orillas del mar de la existencia,
y reímos y olvidamos,
amamos y caminamos,
y a ratos pretendemos
resquebrajar los muros
y entreabrir la puerta
como grullas que emigran,
como un Bach, ciego ya y enfermo,
que se eleva desde Leipzig
y emprende el arte último de la fuga.

INVENTARIO UNO

DIEZ canicas de cristal de colores
ganadas en buena lid,
el álbum de estampas de Pinocho,
una antigua edición de bolsillo del *Canto general,*
algunas coincidencias que valen por toda una vida,
los amores, las heridas, las pérdidas,
las lecturas, la escritura, la poesía,
el arroz con habichuelas —ah, Dios mío—
y el helado de vainilla,
unos pocos de días felices,
todo cuanto amé,
todo aquello que un día vi o soñé,
toda filosofía y toda mística.
Todo habrá de caber
en la palma de una mano.

El cepillo de dientes, los sueños, las risas
—tu risa, amor mío, tu risa—,
mi biblioteca, el sol, la hierba, el mar,
la herrumbrosa memoria, mi bici *Torrot*
—siempre la mejor, pero el enemigo decía
siempre la peor—,
los encuentros, las despedidas,
los que están, los que se fueron,
mi casa, mi mesa, mi perro,
toda la música que amo,

todo arte y todo lenguaje,
toda erótica y toda ciencia.
Todo habrá de caber
en un pequeño maletín de viaje.

Una fría mañana de invierno del sesenta y seis,
mi *Madelman* buceador, los libros de Cartarescu,
una feliz y traviesa mariposa blanca,
las mudas de ropa interior, la amistad,
el aire que respiro, la lluvia, los besos,
la fugaz apariencia de las cosas,
el mapa y las instrucciones de uso,
las tablas del escenario y todo el decorado,
todo el argumento de la obra,
todo ornamento y filigrana de la vida,
toda belleza y toda sabiduría,
todo honor y toda gloria.
Todo habrá de caber
en una vieja alacena con cortinillas
o en un poema.

LOS DOMINIOS DEL VIENTO

Sólo está el viento donde la rosa estaba...
Walter de la Mare

GOTA a gota aprendemos el idioma del viento,
el viento que empuja las gastadas palabras
y esparce el perfume de la flor de los arrayanes,
que se desliza por entre los pliegues de la alta noche
y araña las ventanas, los zaguanes y la desmemoria,
el viento que restalla en tus ojos de luna
y en el gesto risueño de tu boca,
que arrastra el agua de los días y lo que tocamos
con las yemas de los dedos,
que tercamente avanza
a pleno sol o piel adentro.

El viento. El insondable viento
como una daga que cruza desgarrando
la sombra infinita de la tarde,
que cruza los campos o las frondas o el sueño;
la ventisca subiendo por la enramada
como un antiguo animal en acecho,
como un ingrávido vuelo de aves
que atraviesa

el azul de la mañana
                              y se pierde
                                        en la lejanía.

¿Hay algún lugar donde no sople el viento?

ODA A LA MATERIA

> *De agua vivimos, de migas de aire...*
> Sylvia Plath

OH, carne, arena, lágrima salada,
pájaro en la nieve, clavel sangriento.
Oh, mundo habitable, delicado pétalo de agua,
suave luz de la mañana, penumbra ardiente.

Oh, azucena de muerte que hiende el aire,
grávida lengua que devora la piel y la sangre.
Oh, diosa altiva de la abundancia,
de esbeltos senos y agreste pubis.

Oh, blancura de nardo sobre lecho de fuego,
afilado cuchillo que desgarra la noche.
Oh, fulgor de lo que existe, mundo manifiesto,
estremecido corazón a la intemperie.

Oh, cuerpo mío, piel temblorosa,
viento de otoño que apuñala el hueso.
Oh, grácil velero que surca la tarde.
Oh, luminoso y vibrante río de la muerte.

TRÍPTICO DEL AGUA

LLUEVE. Cae el agua sobre la tierra baldía
y sobre la trama fatigada del mundo,
llueve en la ciudad y en los andenes
donde aguardamos el paso incierto de los trenes.
Se precipita el agua y anega los campos y los ríos,
y durante un instante borra los brumosos paisajes
y acompasa el latido y la apariencia del mundo.

Llueve. Y de los ojos y la boca vacía de los muertos
brotan fuentes y manantiales que lavan
la podredumbre del tiempo.
Y de lo más hondo de la tierra brotan
innúmeros peces abisales, caracolas,
estrellas marinas, hipocampos,
algas y corales.

Llueve. Cae de súbito el agua e invade la ávida tierra
como un torrente de sangre,
alcanza las raíces y los abismos del sueño,
las profundas heridas y las tierras dormidas,
como un inmenso río de niebla
que disuelve y desdibuja la pálida realidad.
Pero pronto, pronto volverá a brillar
la ardiente luz de la mañana.

EL PEREGRINO

SIN casa y sin memoria,
sin abrigo ni equipaje,
por los caminos polvorientos
el peregrino avanza.
Camina por el mundo
sin cuerpo y sin historia,
pero sus pasos
y el latido de su corazón
resuenan
en la cristalina tarde de verano.

ÍTACA

A Homero, poeta vidente,
y a Konstantinos Kavafis

VOLVEREMOS,
Ítaca estará esperándonos.
Seremos el viaje
y el viaje estará en nosotros,
y Polifemo, Eolo, Circe,
los Lestrigones,
el Hades y las Sirenas
vivirán en nuestras venas,
en nuestra piel
y en nuestros sueños.
Seremos el viaje,
seremos otro y el mismo Ulises,
seremos el viaje y seremos la meta.
Volveremos,
Ítaca estará esperándonos.

Agradecimientos

A Sensi Budia, gran amiga y poeta.
A Paco Ayala, enorme hermano y pintor.
Al club de los poetas vivos:

AJMÁTOVA SABINES PESSOA JUARROZ PLATH
WHITMAN NICANORPARRA WALCOTT NERUDA
AMMONS LORCA DICKINSON OCTAVIOPAZ DONNE
TRAKL MIGUELHERNÁNDEZ CUMMINGS ALBERTI
IBNALARABI PIZARNIK KAVAFIS VALLEJO POUND
BLAKE CARSON RIMBAUD CELAN VITALE BISHOP
QUASIMODO BENEDETTI STRAND LEZAMALIMA
PERIROSSI SANJUANDELACRUZ BLANCAVARELA
STORNI GILDEBIEDMA VALENTE SARDUY CRANE
WALLACESTEVENS MONTALE BORGES LARKIN
TOMLINSON RUMI MACHADO BROCH DELAMARE
BUSON ASHBERY ÁNGELGONZÁLEZ FROST BASHO
TINGYUN CERNUDA GIBRAN RYOKAN MALLARMÉ

...

Índice